Fuerzas equilibradas y no equilibradas

Jenna Winterberg

Asesora

Michelle Alfonsi
Ingeniera, Southern California
Aerospace Industry

Créditos de imágenes: Portada y pág.1 Gallo
Images/Getty Images; pág.7 (inferior) David
Burton/Alamy; pág.6 North Wind Picture Archives/
Alamy; pág.22 PCN Photography/Alamy; págs.4–5
(fondo) Steven J. Kazlowski/Alamy; págs.11, 13, 25
(ilustraciones) Tim Bradley; págs.6–7 (fondo), 11
(fondo), 12 (izquierda), 12 (fondo), 14–15 (fondo),
18–19 (fondo), 20–21 (fondo), 21 (derecha), 22–23
(fondo), 24–25 (fondo), 26 (izquierda), 27, 30–31
(fondo), 32 iStock; págs.28–29 (ilustraciones) Janelle
Bell-Martin; pág.7 (superior) TRL Ltd./Science
Source; todas las demás imágenes cortesía de
Shutterstock.

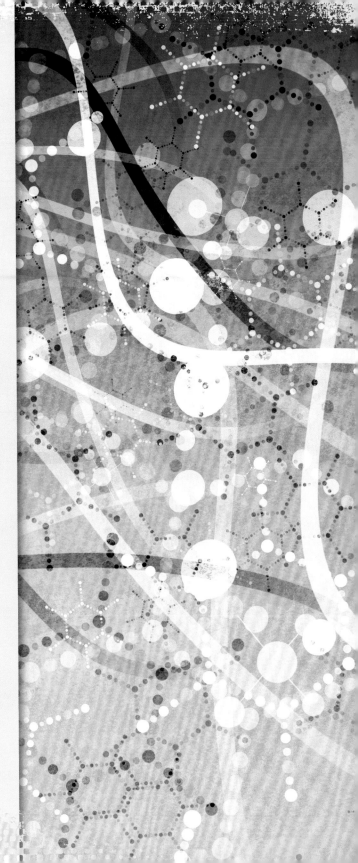

Teacher Created Materials
5301 Oceanus Drive
Huntington Beach, CA 92649-1030
http://www.tcmpub.com
ISBN 978-1-4258-4684-8

Contenido

¡Que comience la batalla!

En la ciencia, una **fuerza** es todo impulso de atracción o repulsión de un objeto. Las fuerzas hacen que las cosas se muevan. También hacen que se detengan. Incluso pueden cambiar la dirección de un objeto. Las fuerzas nos rodean siempre. No podemos verlas ni tocarlas. Por lo general, ni siquiera las percibimos. Pero producen efectos poderosos.

¡Más rápido! ¡Más despacio! ¡Empuja! ¡Jala! ¡Arriba! ¡Abajo! Las fuerzas compiten entre sí continuamente. La **magnitud**, la cantidad y la dirección de las fuerzas determinan cuál es la ganadora. Y la ganadora determina el movimiento que hará el objeto. ¡A jugar!

Siente la fuerza

Intenta empujar tus dedos unos contra otros. ¡Eso es una fuerza! Hay muchos tipos de fuerza y algunas son más difíciles de sentir que otras. Pero todas tienen el poder para cambiar el mundo.

Energía y movimiento

Cuando una fuerza actúa sobre un objeto, lo que hace es transferirle energía. La energía hace que el objeto se mueva, se detenga o cambie de dirección.

Usamos tres leyes para entender cómo funciona el movimiento. Sir Isaac Newton estableció esas tres reglas básicas en el año 1686. La primera ley establece que los objetos continúan haciendo lo que hacen. Quiere decir que un objeto seguirá moviéndose hasta que se le aplique una fuerza. Por ejemplo, una canica seguirá rodando hasta que algo la detenga. Lo mismo ocurre con un objeto que está quieto. No se moverá hasta que no actúe una fuerza sobre este. Para que la canica pueda rodar, debes moverla con tu mano. ¿Has notado que es más difícil comenzar a pedalear la bicicleta que seguir haciéndolo después de que has empezado? Esa es la **inercia** en funcionamiento.

Sir Isaac Newton

La ley de la inercia

La primera ley del movimiento es el motivo por el que usamos cinturones de seguridad. Piensa en lo que sucede cuando un automóvil frena repentinamente. El cuerpo permanece en movimiento después de que el automóvil ya se ha detenido. El cinturón te detiene. Si no lo hiciera, el cuerpo seguiría moviéndose hacia delante a la misma velocidad.

Fuerza frente a fuerza

Del mismo modo en que 1−1=0, las fuerzas iguales se neutralizan. Cuando eso sucede, los objetos no se mueven. Si las fuerzas no se neutralizan (2−1=1), los objetos se mueven. La dirección en la que se mueven depende de la fuerza que es más fuerte. Y a mayor fuerza, mayor el cambio en el movimiento.

Entonces, ¿cómo superas la inercia para poder andar en bicicleta? Usas la fuerza. La segunda ley de Newton nos dice que se necesita más fuerza para mover un objeto más pesado de la que se necesita para mover uno más liviano. Esta ley es más fácil de entender. Todos sabemos que para pedalear en una bicicleta se necesita energía. ¡Y para llevar a un amigo sentado atrás necesitas todavía más!

¿Qué pasa si te cansas de pedalear y te detienes? La tercera ley de Newton indica que a toda acción siempre se opone una reacción igual. Quiere decir que las fuerzas actúan en pares. Cuando te sientas en una silla la empujas hacia abajo. Y la silla te empuja hacia arriba con la misma fuerza. Pero la silla no te empuja activamente. Es su forma sólida la que impide que te caigas. Si la silla empujara hacia arriba con menos fuerza, te hundirías en ella. Si lo hiciera con más fuerza, saldrías disparado por el aire.

Fuerza frente a inercia

Toda fuerza debe luchar contra la inercia. La inercia es la tendencia de un objeto a resistir el cambio en su estado de movimiento. Es la propiedad que nos dice cuánta fuerza se necesita para detener un objeto. ¡O para lograr que se mueva!

Vectores

Un **vector** mide la magnitud y la dirección de una fuerza. Los científicos usan flechas para mostrar los vectores. Los ayuda a predecir qué efecto tendrá la fuerza sobre un objeto. La fuerza más potente tendrá el mayor efecto.

La inercia te ayuda a quedarte en el asiento cuando estás cabeza abajo en una montaña rusa.

Fuerzas de contacto

Las fuerzas de contacto solo actúan cuando los objetos se tocan. Algunas están muy activas en la vida cotidiana.

Fricción

La **fricción** se produce cuando un objeto se mueve sobre otro. Esta fuerza reduce la velocidad de las cosas. Vemos con frecuencia los efectos de la fricción cuando un objeto se mueve sobre una superficie. Cuando haces deslizar una canica sobre la mesa, pierde velocidad. Empieza a moverse más lentamente. Luego, se detiene. La primera ley de Newton nos dice que una fuerza actúa sobre la canica. De lo contrario, seguiría moviéndose. La fuerza que detiene la canica es la fricción.

La fricción también hace que las cosas permanezcan en su lugar. La fricción impide el deslizamiento. ¡Necesitas la fricción para que tus zapatos permanezcan atados!

Fricción frente a inercia

Un balón de fútbol en movimiento recorrerá una mayor distancia sobre el hielo que sobre el césped. El césped tiene más fricción. La fricción es la fuerza que reduce la velocidad y, finalmente, detiene la inercia del balón de fútbol.

¡Qué arrastre!

La cantidad de fricción varía si los objetos están en contacto. La madera, el vidrio y la lija producen diferentes cantidades de fricción. Si deseas reducir la velocidad del movimiento de un objeto, los materiales ásperos como el césped o la lija serán de gran ayuda. Si deseas acelerarlo, necesitarás un material liso como el vidrio.

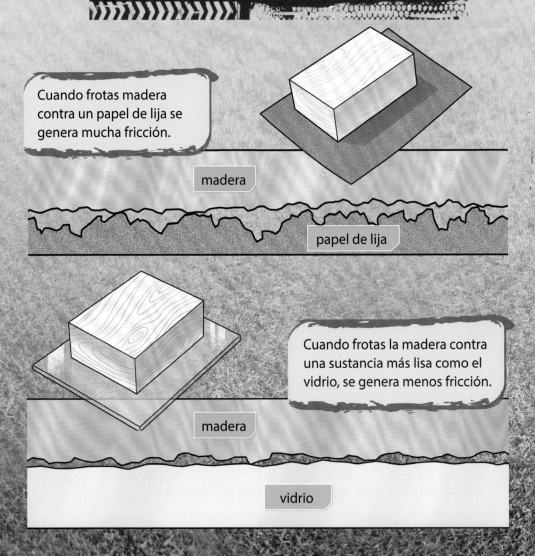

Cuando frotas madera contra un papel de lija se genera mucha fricción.

madera

papel de lija

Cuando frotas la madera contra una sustancia más lisa como el vidrio, se genera menos fricción.

madera

vidrio

Tensión

La tensión se produce cuando un objeto es jalado en dos direcciones. Como resultado, el objeto en el medio, por lo general una cuerda, se estira. Esta fuerza es la razón por la que podemos construir puentes. También sostiene los arcos. Y permite que salga música del piano.

Fuerza aplicada

La fuerza aplicada se transfiere de una persona o un objeto a otro. Es un empuje. Cuando aprietas los botones del control remoto del televisor, estás aplicando fuerza. La fuerza aplicada es la que te permite correr, saltar y levantar cosas.

Sustentación

La sustentación se produce cuando un objeto está en el aire y el aire se mueve. La presión del aire encima del objeto se vuelve inferior a la presión debajo de este. Cuanto más rápido es el aire, mayor es la sustentación.

Esta es la fuerza que impulsa los viajes aéreos. La presión alta debajo de las alas del avión genera la sustentación. Sin esta, el avión no podría volar.

Cuanta más tensión haya en las cuerdas de la guitarra, más agudo será el tono.

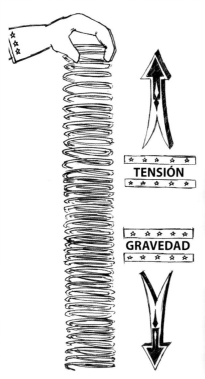

Tensión frente a gravedad

Cuando un objeto comienza a moverse, es posible que el movimiento demore un poco en recorrer todo el objeto. Pide a un amigo que grabe una película sobre este experimento. Luego, reproduce la película lentamente. ¡Esto sucede con rapidez!

Suspende libremente un resorte *Slinky* a más o menos un pie del suelo. Nota: El *Slinky* está en reposo porque una fuerza lo jala hacia arriba de la misma forma que la **gravedad** lo jala hacia abajo.

Deja caer el *Slinky* y observa la parte inferior. Si te lo perdiste, mira el video en cámara lenta. Deberías ver que la parte superior del *Slinky* comienza a caer antes que la parte inferior. ¡Pero la parte inferior flota misteriosamente en el aire!

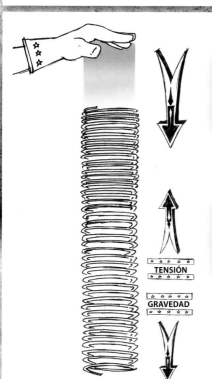

¿Por qué la gravedad no jaló hacia abajo la parte inferior del *Slinky* junto con la parte superior? Porque la tensión que jala el *Slinky* hacia arriba es igual a la fuerza de gravedad.

Lo curioso es que, cuando un objeto cae, cae como el *Slinky*. Ya se trate de un bolígrafo o de un puercoespín, la parte superior comienza a caer antes que la parte inferior.

Fuerza normal

La fuerza normal se presenta cuando dos objetos descansan uno contra otro. La fuerza normal sostiene las almohadas en una cama. Piensa en el ejemplo de la silla que mencionamos antes. Tu cuerpo empuja la silla. La silla empuja en la dirección contraria para mantenerte sentado. Una silla sólida usa la fuerza normal para sostenerte. ¡Lo está haciendo en este momento!

Resistencia del aire

Al igual que la fricción, la **resistencia del aire** reduce la velocidad de los objetos. A veces, la resistencia del aire se denomina *resistencia aerodinámica*. La fuerza es mayor cuando el objeto viaja a gran velocidad. También es mayor cuando los objetos tienen una superficie grande.

Los ingenieros reducen la resistencia del aire al construir automóviles y aviones con superficies lisas y formas aerodinámicas. Pero hay quienes dependen de la resistencia del aire como la fuente de su diversión, como los que practican el *windsurf* y el paracaidismo.

fuerza normal

gravedad

Sustentación frente a resistencia del aire

Cuando un avión intenta desafiar la gravedad, la sustentación y el **empuje** lo ayudan a hacerlo.

La resistencia del aire jala el avión hacia atrás.

La sustentación lo empuja hacia arriba.

La gravedad jala el avión hacia abajo.

Con ayuda de un motor, el empuje supera la resistencia del aire y la gravedad.

15

Fuerzas distantes

No todas las fuerzas necesitan tocar un objeto para actuar sobre este. Las fuerzas distantes actúan sin que medie contacto. Hay tres fuerzas principales en este grupo.

Gravedad

La gravedad es una fuerza que actúa entre objetos, atrayendo uno hacia el otro. La gravedad de la Tierra actúa sobre cualquier objeto con masa. La masa es la cantidad de **materia** que contiene un objeto. El peso mide la fuerza de gravedad. Los planetas con más masa que la Tierra tienen más gravedad. La masa de Júpiter es 300 veces mayor que la de la Tierra. Por eso, pesarías mucho más en Júpiter de lo que pesas en la Tierra.

La gravedad siempre está presente, por eso no le prestamos demasiada atención. Pero es la razón por la que podemos estar de pie. Y sentarnos. ¡Y caminar! Nos mantiene firmes en la Tierra. Sin la gravedad, flotaríamos como si estuviéramos en el espacio.

¡Con cuidado!

Los objetos con más masa responden a la fuerza con más lentitud porque la masa aumenta la inercia. Eso dificulta mover los objetos con más masa. ¡Pero también hace que sean más difíciles de detener!

17

Fuerza eléctrica

La fuerza eléctrica se produce entre dos objetos con una carga. Los objetos pueden tener una carga positiva o una negativa. Las cargas opuestas se atraen. Pero dos objetos con la misma carga se repelen.

Esta fuerza comienza con minúsculos **átomos**. Cada átomo está compuesto de partes todavía más pequeñas. Una de ellas es el electrón. Los electrones tienen carga negativa. Orbitan alrededor del núcleo, o el centro, del átomo. El núcleo contiene a los neutrones. Los neutrones no tienen carga. Son neutros. El núcleo también contiene los protones. Los protones tienen carga positiva. Los protones positivos atraen a los electrones negativos. Como resultado, los electrones pueden permanecer en órbita. Esa es la fuerza eléctrica.

La fuerza eléctrica también causa que los electrones salgan de los átomos. Los electrones son atraídos hacia los átomos que tienen más protones que electrones. Estos átomos tienen más carga positiva. Los electrones pueden saltar de un átomo al siguiente. Esta fuerza eléctrica crea la **electricidad**. La electricidad nos permite tener luz en casa y en la escuela. También nos permite hablar por teléfono celular y mirar la televisión. Los átomos son pequeños pero, sin duda, ¡pueden hacer una gran diferencia!

Fuerza eléctrica frente a gravedad

La gravedad permite que los objetos grandes, como la Luna, orbiten alrededor de la Tierra. Pero en lo que respecta a los minúsculos átomos que constituyen nuestro universo entero, es la fuerza eléctrica la que hace que los electrones circulen alrededor de los protones.

protones y neutrones

electrón

La fuerza eléctrica es como un resorte invisible: a medida que las cargas se alejan, un resorte menos fuerte las mantiene unidas.

Fuerza magnética

La fuerza **magnética** atrae los metales como el hierro y el acero. Pero no funciona en la mayoría de los metales. Tampoco funciona en los no metales. La fuerza magnética no atrae el vidrio, el plástico ni la madera.

Todos los imanes tienen dos polos: norte y sur. Ambos polos atraen el metal por igual. Y los polos opuestos de dos imanes se atraen. Pero esta fuerza hace mucho más que solo atraer. La fuerza magnética también puede repeler, o separar. Los mismos polos de dos imanes se repelen.

La Tierra también es un imán. ¡Un imán gigante! Usamos esa fuerza para navegar, o encontrar el camino que nos lleva a un lugar. La aguja de una brújula apunta siempre al polo norte del imán de la Tierra. No es lo mismo que el polo norte, pero ambos están cerca. Esta información ayuda a las personas a saber dónde están y dónde deben estar.

La fuerza eléctrica y la fuerza magnética se combinan para crear la fuerza electromagnética.

Fuerza magnética frente a gravedad

En una competencia entre la gravedad y las demás fuerzas, la gravedad generalmente pierde. Puedes comprobar lo débil que es la gravedad usando un imán para levantar una pila de sujetapapeles. Sin duda, gana la fuerza magnética.

Fuerzas combinadas

Pocas veces las fuerzas actúan de manera independiente. Vuelve a pensar en las leyes de Newton. La tercera ley describe las fuerzas que actúan en pares: para cada acción, hay una reacción igual y opuesta. Incluso si te quedas quieto, hay más de una fuerza actuando sobre ti. La Tierra te jala hacia abajo con la fuerza de la gravedad. Pero el suelo te empuja hacia arriba usando la fuerza normal.

Cuando las fuerzas accionan y reaccionan con la misma intensidad crean un **equilibrio**. Las fuerzas equilibradas mantienen quietos los objetos. También pueden mantenerlos en movimiento. Piensa una vez más en la bicicleta de la que hablamos en las leyes de Newton. La fricción, la resistencia del aire y la gravedad se combinan para permitir que andes en bicicleta.

Combinación de vectores

Los vectores ayudan a los científicos a ver cómo las fuerzas podrían combinarse para afectar a un objeto. Estas flechas muestran lo que sucede si una fuerza aplicada actúa sobre un objeto desde dos direcciones diferentes.

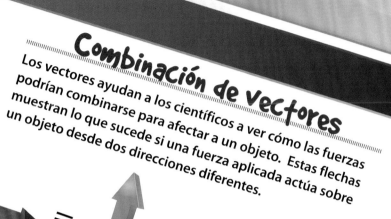

Los ingenieros invierten tiempo y energía en equilibrar las fuerzas. ¿Qué pasaría si no lo hicieran? Los aviones no volarían. Las presas no se mantendrían en pie. Los edificios no permanecerían erguidos.

Cuando las fuerzas que actúan sobre un objeto no tienen la misma intensidad, no están equilibradas. Las fuerzas que no están equilibradas siempre producen un cambio en el movimiento. El cambio puede estar en la dirección, en la velocidad o en ambas. El cambio no siempre es algo malo. Piensa en la primera ley de Newton. Los objetos en movimiento, permanecen en movimiento. Los objetos en reposo, permanecen en reposo. Se necesitan fuerzas que no estén equilibradas para cambiar eso.

Las fuerzas que no están equilibradas nos permiten conducir. Aceleramos, disminuimos la velocidad y maniobramos gracias a estas. También posibilitan los deportes. Nos permiten patear una pelota hacia delante y lanzarla por el aire. ¡Y hasta permiten a los ingenieros destruir edificios viejos para construir edificios nuevos!

El proceso de la ingeniería

1. Define el problema.

2. Haz una lluvia de ideas.

3. Diseña y construye.

4. Pon a prueba el diseño.

5. Mejora el diseño.

¡Sé un ingeniero!

Usa el proceso de ingeniería para responder la siguiente pregunta: "¿Cómo puedes usar la fuerza magnética y la gravedad para crear una trayectoria curva para una canica?".

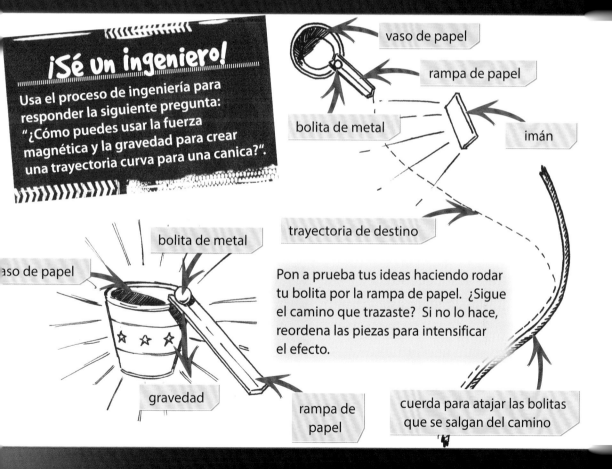

vaso de papel

rampa de papel

bolita de metal

imán

trayectoria de destino

bolita de metal

vaso de papel

gravedad

rampa de papel

Pon a prueba tus ideas haciendo rodar tu bolita por la rampa de papel. ¿Sigue el camino que trazaste? Si no lo hace, reordena las piezas para intensificar el efecto.

cuerda para atajar las bolitas que se salgan del camino

Y el ganador es...

Cada vez que se produce un cambio en la dirección o la velocidad, está actuando una fuerza. Y estas fuerzas son potentes. Ya sea la gravedad jalando hacia abajo o el sacudón de una carga eléctrica, ¡las fuerzas hacen que las cosas se muevan!

Entender todas estas fuerzas es un desafío. Pero vivir sin conocerlas sería mucho más difícil. Sin ellas, no tendríamos electricidad. No existiría el televisor. No existirían automóviles para conducir. No podríamos caminar. Ni siquiera habría un lugar hacia dónde dirigirse.

Todos dependemos de las fuerzas. Los ingenieros estudian las fuerzas para construir todo, desde un tenedor hasta una casa enorme. Los atletas usan las fuerzas para anotar tantos. Hasta los músicos emplean las fuerzas para producir música. Al parecer, en la batalla de las fuerzas, ¡los verdaderos ganadores somos nosotros!

Piensa como un científico

¿Qué sucede cuando la sustentación, la resistencia del aire y la gravedad actúan sobre un objeto? ¡Experimenta y averígualo!

Qué conseguir

- ⊃ pelota de golf
- ⊃ pelota de tenis de mesa
- ⊃ secador de cabello

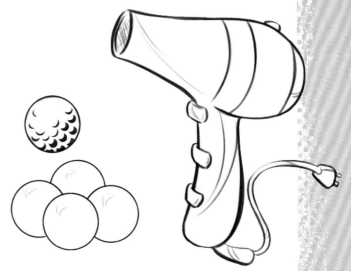

Qué hacer

1 Enchufa el secador y enciéndelo. Asegúrate de que esté en la configuración más alta y apunta directo hacia arriba.

2 Antes de colocar la pelota de tenis de mesa sobre la corriente de aire, escribe lo que esperas ver. Ahora, coloca la pelota sobre la corriente de aire. Observa los resultados.

3 Intenta agregar más pelotas poco a poco y registra tus resultados. Intenta también con una pelota de golf.

4 ¿Cuántas pelotas pueden flotar al mismo tiempo? ¿Qué sucedería si bajas la velocidad del secador? ¿Este es un ejemplo de fuerzas que están o no están equilibradas? ¿Qué fuerzas participan?

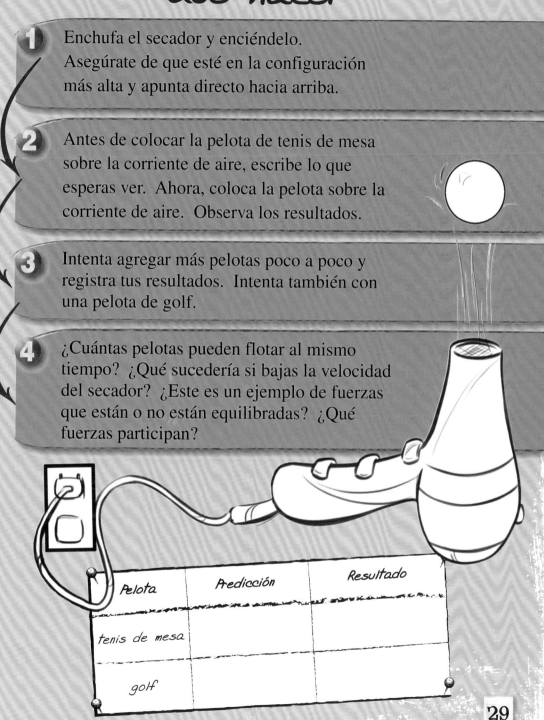

Pelota	Predicción	Resultado
tenis de mesa		
golf		

Glosario

mos: pequeñas partículas que componen la materia

tricidad: una forma de energía constituida por un flujo de electrones

puje: un empujón hacia delante o hacia arriba

ilibrio: un estado en el que cosas diferentes son iguales

ción: la fuerza que logra que un objeto en movimiento reduzca la velocidad cuando está tocando otro objeto

rza: el empuje o la atracción de un objeto

vedad: una fuerza que actúa entre los objetos, atrayéndolos entre sí

inercia: una propiedad de la materia en la que los objetos inmóviles permanecen en reposo y los objetos en movimiento continúan moviéndose a la misma velocidad, hacia la misma dirección

magnética: que tiene el poder de atraer ciertos metales

magnitud: el tamaño o la potencia de algo

materia: todo lo que tiene masa y ocupa un lugar en el espacio

resistencia del aire: el arrastre de un objeto que se mueve por el aire

vector: una cantidad que tiene tamaño y dirección

Índice

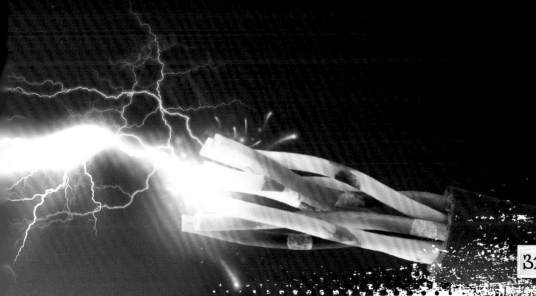

¡Tu turno!

Fuerzas peludas

Observa tu mascota, o la de un amigo, mientras juega y descansa. ¿Qué fuerzas actúan sobre el animal? ¿Cuáles son las fuerzas equilibradas? ¿Y las no equilibradas? Lleva un registro de lo que observas.